ÉDITIONS DUSSERRE
4, rue Nansouty - 75014 Paris - France
Tél. : (33) 01 45 89 40 21
Fax : (33) 01 45 89 76 31
editionsdusserre@wanadoo.fr

Dépôt légal : 3ème trimestre 2000
ISBN : 2-913895-01-8

Imprimé en France

Extrait de « La science héroïque » par Marc de WILSON, sieur de la Colombière, Paris, 1669

Le héraut d'armes, comme le roi d'armes, a de multiples fonctions :
créateur des nouveaux blasons, responsable des armoriaux,
organisateur des tournois, juge, ambassadeur...

Jean-Claude DUSSERRE

BLASONS

ET

CORPORATIONS

Au XXIe siècle,

Faites vous-même le blason de votre famille,

de votre profession, de votre club,

de votre école ou de votre ville…

Époque
GUILLAUME LE CONQUÉRANT
(vers 1027-1087)

Extraits de « Le costume historique », A. RACINET, Paris, 1850

Règne de
LOUIS VI le Gros
(1081-1137)

Chevalier
époque **PHILIPPE-AUGUSTE**
(1165-1223)

Chevalier
époque **PHILIPPE LE BEL**
(1268-1314)

LE BLASON

LES ORIGINES

Les armoiries sont apparues en Europe vers le milieu du XIIe siècle (1150).

A cette époque, les combattants portent tous la même tenue : un haubert (cotte de maille) et un casque leur couvrant presque tout le visage. Pour se reconnaître dans les combats et les tournois, ils ont peint des figures distinctives sur la surface de leur écu (bouclier).

Tapisserie de Bayeux, XIe siècle

avec l'autorisation de la ville de Bayeux

GUILLAUME LE CONQUÉRANT
(vers 1027 - 1087)
Duc de Normandie, né à Falaise.
Il conquit en 1066 l'Angleterre sur le roi Harold, défait et tué à Hastings. Au cours de la bataille, il ôta son casque pour signaler à son armée qu'il était vivant.

ROYAUME	EMPIRE	PAYS	DUCHÉ
DE FRANCE	GERMANIQUE	LUXEMBOURG	DE NORMANDIE
FAMILLE	CHANCELIER	CONNÉTABLE	ÉVÊQUE
HARCOURT	ROLIN	DU GUESCLIN	Cᵀᴱ DE BEAUVAIS
BOURGEOIS	PAYSAN	MÉDECINS	CORPORATION
JACQUES CŒUR	A. MAILLARD	DE LOUDUN	TAILLEURS
RÉGION	VILLE	UNIVERSITÉ	ABBAYE
AUVERGNE	COLMAR	AVIGNON	CERISY

UN BLASON POUR QUI ?

D'abord utilisées par les princes et les grands seigneurs, les armoiries sont progressivement adoptées par toutes les catégories sociales : l'aristocratie, la noblesse, les ecclésiastiques, les praticiens, les bourgeois, les artisans, les paysans, ainsi que par les villes, les régions, les corps de métier, les communautés civiles et religieuses, etc.

Plaque de cuivre émaillée du XIIe siècle

Musée TESSÉÉ, Le Mans

GEOFFROI V PLANTAGENET
(1113-1151)

Au cours des siècles, les armoiries s'étendent à toutes sortes d'objets et deviennent des marques de propriété ou des ornements décoratifs.

Hier comme aujourd'hui, chaque personne physique ou morale peut créer son propre blason, à la seule condition de ne pas s'approprier celui d'autrui.

LES ÉMAUX

OR

JAUNE

LES MÉTAUX

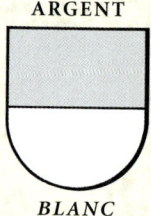

ARGENT

BLANC

LES COULEURS

GUEULES
ROUGE

AZUR
BLEU

SABLE
NOIR

SINOPLE
VERT

POURPRE
VIOLET

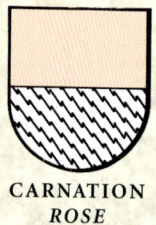

CARNATION
ROSE

NATUREL

ORANGÉ

TANNÉ
MARRON

LES FOURRURES

**CONTRE
VAIR**

VAIR

HERMINE

**CONTRE
HERMINE**

DAMASSÉ

Actuellement,
des points et des hachures
remplacent les couleurs
dans les représentations en noir et blanc.

PAPELONNÉ

LES COULEURS

portent en héraldique la dénomination :

ÉMAIL

On distingue parmi les émaux :

LES MÉTAUX : OR (jaune), ARGENT (blanc)

LES COULEURS : GUEULES (rouge), AZUR (bleu), SABLE (noir), SINOPLE (vert), POURPRE (violet), CARNATION (rose), TANNÉ (brun), ORANGÉ (orange).

La règle est de ne pas mettre **métal sur métal** ni **couleur sur couleur.**

CARNATION : couleur rose clair servant à colorer les parties nues du corps humain.

NATUREL : on emploie le terme « au naturel » pour indiquer la couleur naturelle des êtres vivants et des objets inanimés.

VAIR : fourrure d'un écureuil (petit gris) faite de dos et de ventres alternés et stylisés en forme de cloches, *d'azur et d'argent alternés.*

HERMINE : fourrure blanche de l'animal qui a le bout de la queue noire, *un champ d'argent semé de mouchetures de sable.*

PAPELONNÉ : croissants ou écailles imbriqués d'ailes de papillons. Assimilé à une fourrure.

DAMASSÉ : émail orné d'arabesques sur un autre émail.

QUELQUES FORMES

D'ÉCUS

EUROPE

POLOGNE

FRANCE

ESPAGNE

SUISSE

ITALIE

ALLEMAGNE

ROYAUME UNI

BELGIQUE

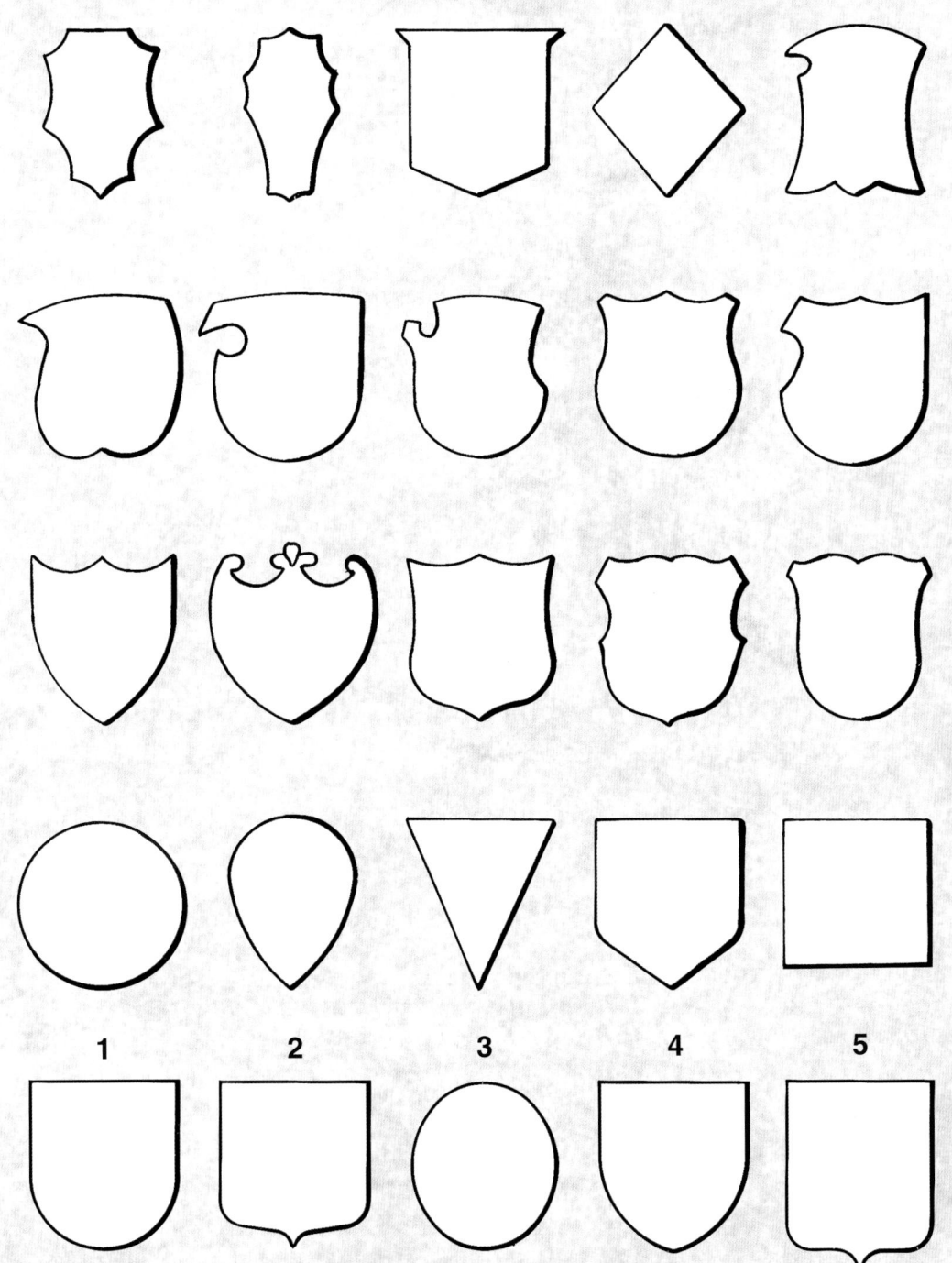

1   2   3   4   5

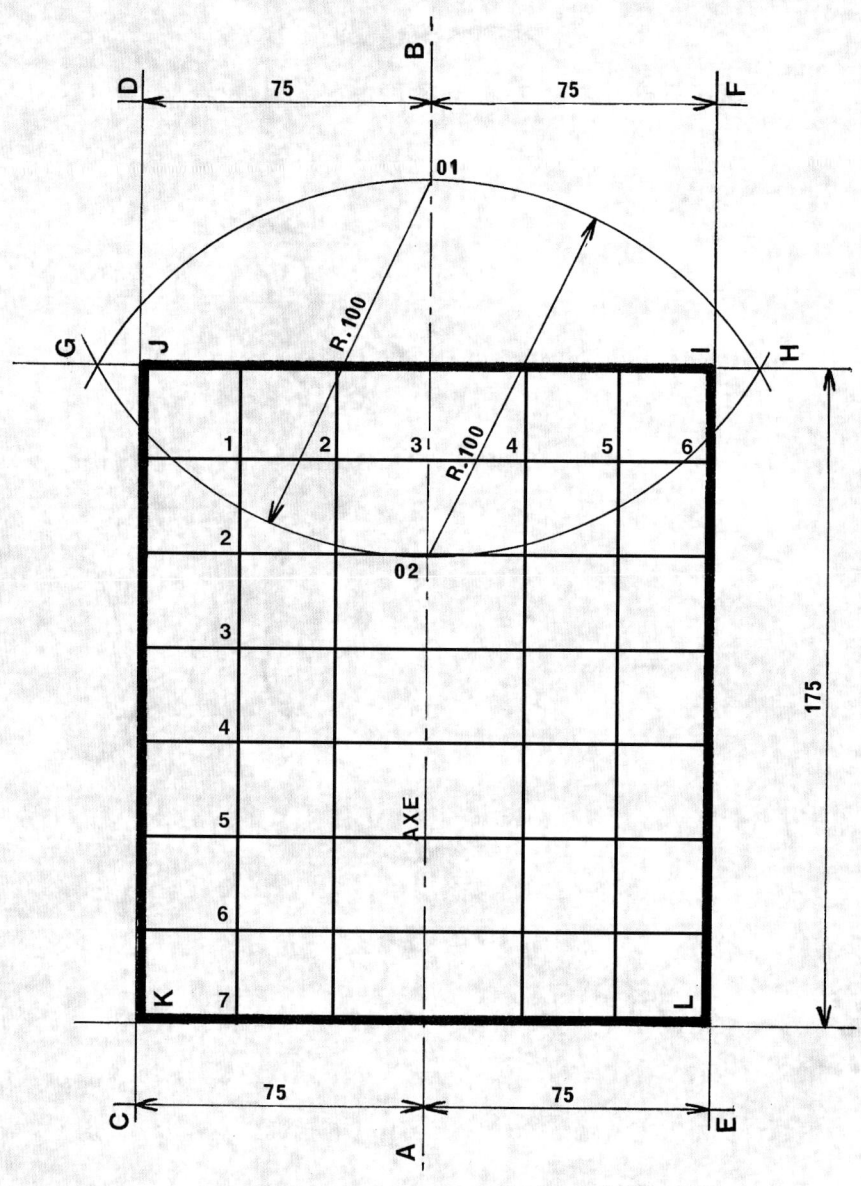

Les blasons n°s 1, 2, 3 et 4 s'inscrivent à l'intérieur
d'un rectangle de proportion 6 / 7, et pour
le n° 5, la pointe est à l'extérieur.

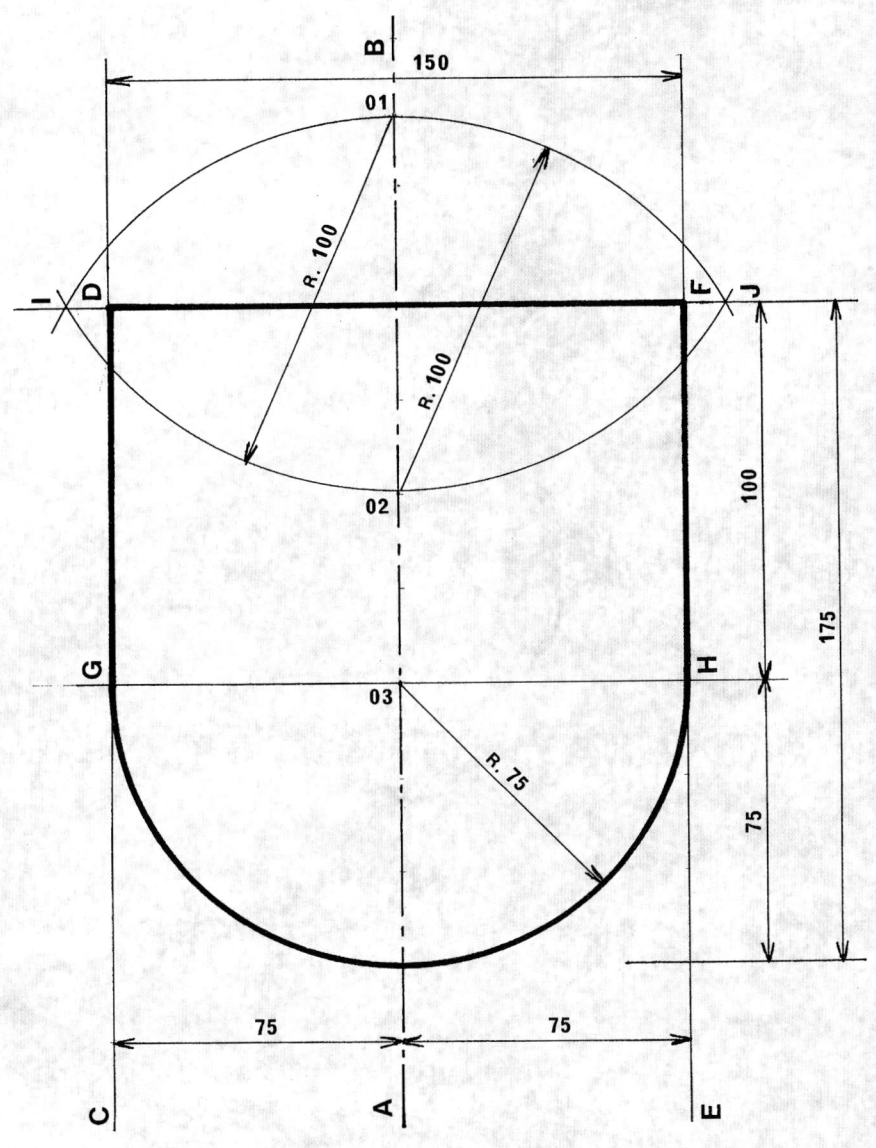

BLASON N° 1

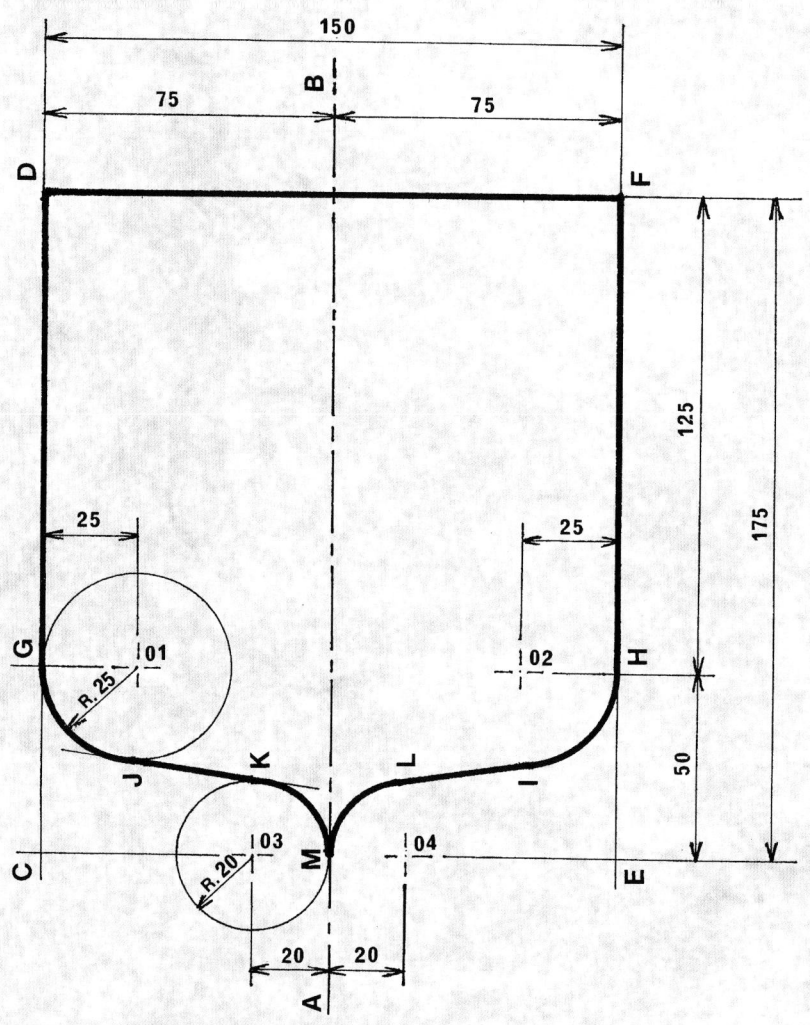

BLASON N° 2

BLASON N° 3

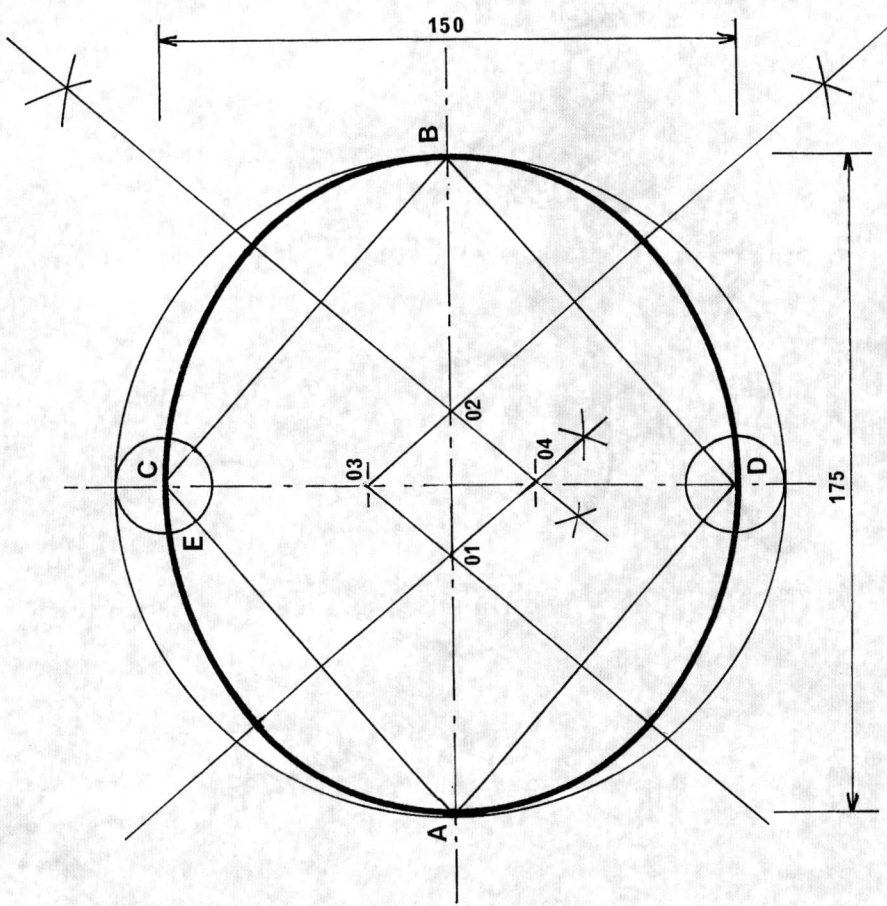

TRACER UN OVALE DONT LES DEUX AXES SONT BORNÉS.

- Tracer le losange A C B D,
- Tracer le cercle de diamètre A B,
- Tracer deux cercles de centre C et D dont le rayon est égal à la différence des deux demi-axes,
- Le cercle coupe la droite A C en E,
- Élever une perpendiculaire au milieu de A E,
- Cette perpendiculaire détermine, sur les axes, les centres O1 et O4 et les points de raccordement des axes de cercle.

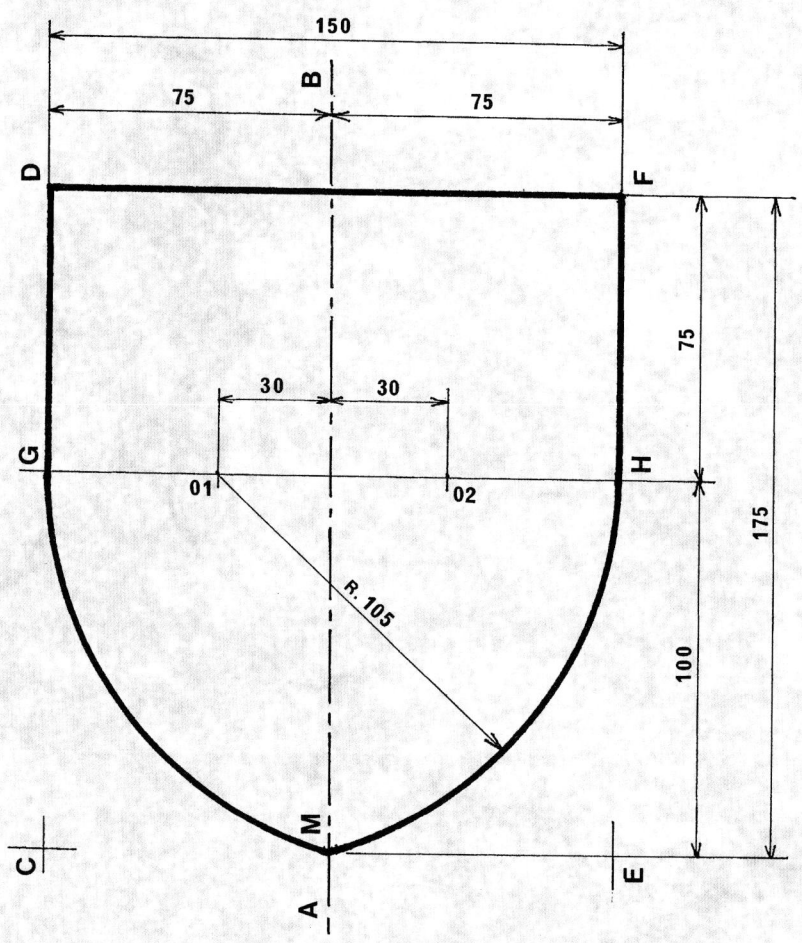

150

75   B   75

D   F

75

30   30

G   01   02   H

175

R. 105

100

M

C   A   E

BLASON N° 4

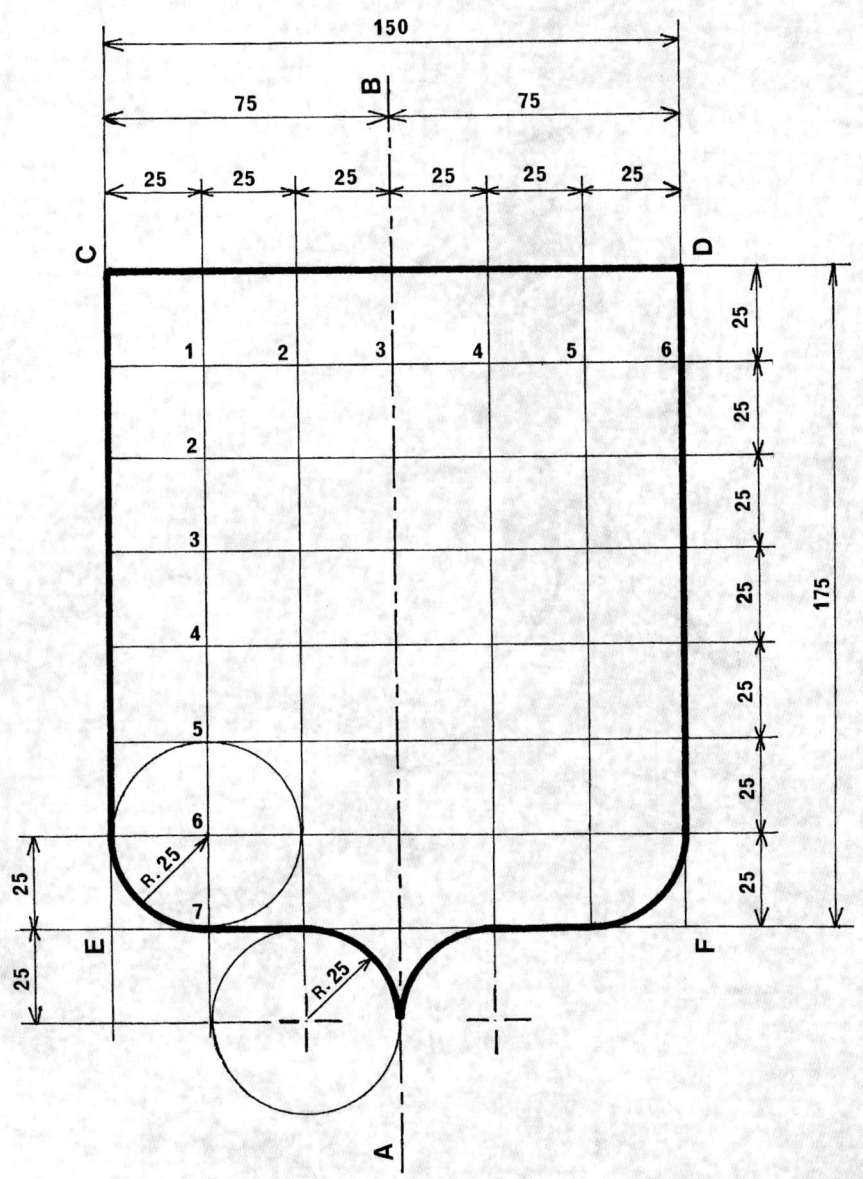

BLASON N° 5

LES ORNEMENTS EXTÉRIEURS DE L'ÉCU

Les TIMBRES sont les ornements qui surmontent et entourent l'écu. Ils sont aux couleurs de celui-ci : heaume, casque, couronne, bourrelet, tortil, volet, lambrequin, cimier, plume, tiare, chapeau, mitre, collier, insigne, palmes, guirlande de fleurs, cordelière, chapelet, banderole, listel, devises, cris d'armes, attribut, pavillon, manteau, guidon, drapeaux, etc.

Armoiries anciennes de Belgique avec les 9 provinces.

La Belgique compte depuis le 1er janvier 1995,
après la scission du Brabant, 10 provinces au lieu de 9.

ÉCUS - HEAUMES - VOLETS - CIMIERS

ROI D'ARAGON

DUC DE BRETAGNE

ROI DE FRANCE

ROI D'ANGLETERRE

COMTE DE FLANDRE

Bibliothèque de l'Arsenal, Paris

Grand Armorial équestre de la Toison d'Or

Bibliothèque nationale de France, Paris

Petit Armorial équestre de la Toison d'Or

JEHAN DE LA TREMOILLE (1377-1449) CHEVALIER DE LA TOISON D'OR

avec un habit armorié pour lui comme pour sa monture.

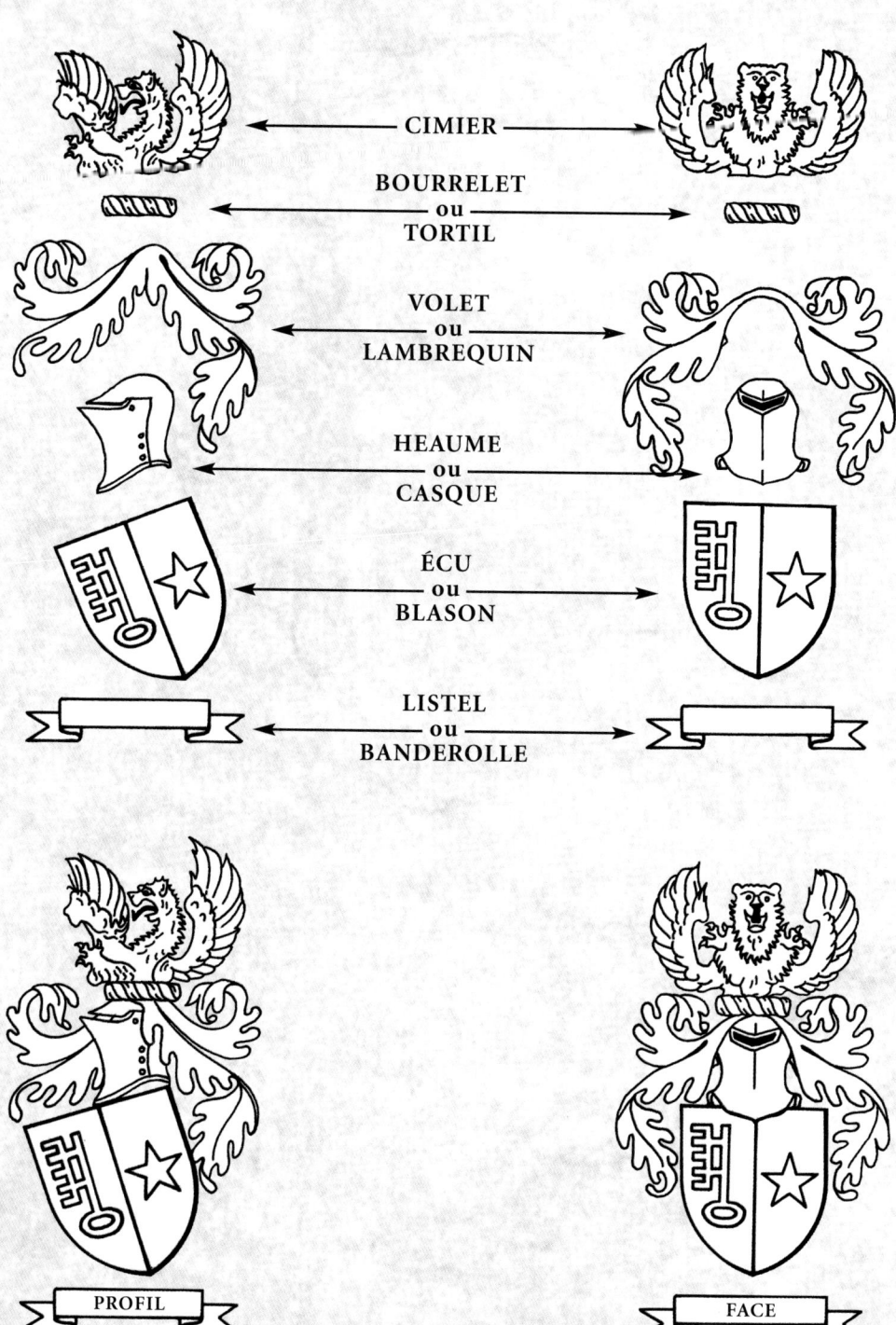

CIMIER

BOURRELET
ou
TORTIL

VOLET
ou
LAMBREQUIN

HEAUME
ou
CASQUE

ÉCU
ou
BLASON

LISTEL
ou
BANDEROLLE

PROFIL

FACE

Au cours des siècles le graphisme et les couleurs du blason évoluent selon les modes et les dessinateurs.

MONSIEUR

MONSIEUR   MADAME

Armoiries d'alliance telles qu'on les compose en général, le heaume du mari est contourné par courtoisie vers les armoiries de l'épouse et le contenu de son écu est retourné c'est-à-dire disposé comme si on le voyait dans un miroir.

CASQUES AVEC CIMIERS EN PLUMES D'AUTRUCHE QUI
AU COURS DES SIÈCLES REMPORTÈRENT UN IMMENSE SUCCÈS

« *Si vous perdez vos enseignes, ralliez-vous à*
mon panache blanc, vous le trouverez toujours
sur le chemin de l'honneur et de la victoire ».

HENRI IV le 14 mars 1598 à la bataille d'IVRY.

École française du XVIe siècle

Château de Versailles

HENRI IV
Roi de France de 1589 à 1610

LES FIGURES PLACÉES DE CHAQUE CÔTÉ DE L'ÉCU
OU DERRIÈRE CELUI-CI SE NOMMENT

Extrait de « Heraldisches ABC Buch », München, 1857

Famille Holzhausen
TENANT

SUPPORT

si ce sont des animaux

TENANT

si ce sont des créatures humaines

SOUTIEN

si ce sont des plantes, arbres ou objets

SUPPORT

Extrait de « Héraldique des Provinces belges », E. Fidèle, Bruxelles, 1918

TENANT

SOUTIEN

– 23 –

CASQUES

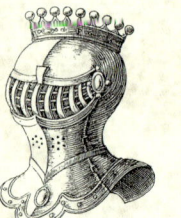

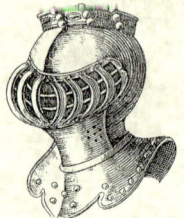

ROI et
EMPEREUR

DUCS et PRINCES

MARQUIS

COMTES
VIDAMES
VICOMTES

BARONS

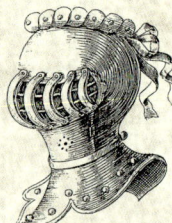

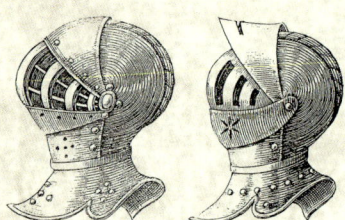

CHEVALIERS

GENTILSHOMMES

NOUVELLEMENT
ANOBLIS

Extrait de « La science héroïque » par Marc de WILSON, sieur de la Colombière, Paris, 1669

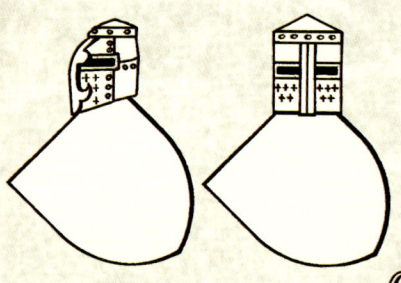

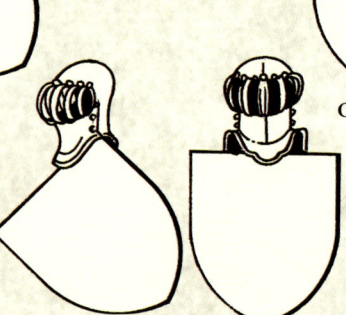

HEAUMES XIVe siècle

CASQUES DE TOURNOIS

CASQUES À GRILLE XVe siècle

COURONNES

ROI

DAUPHIN

ENFANTS de FRANCE

PRINCES de SANG

DUCS et PAIRS

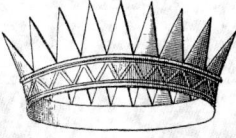

ROI d'ANTIQUITÉS

MARQUIS

COMTES

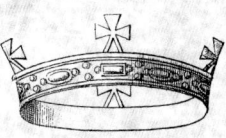

VIDAMES

VICOMTES

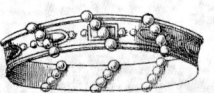

BARONS

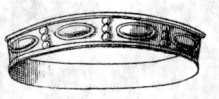

BANNERETS

CHEVALIERS
et GENTILSHOMMES

MURALE

CASTRENCE

NAVALE

TRIOMPHALE
(Laurier)

OBSIDIONALE
(Chiendent)

CIVIQUE
(Chêne)

Extrait de « La science héroïque » par Marc de WILSON, sieur de la Colombière, Paris, 1669

LE BLASON

La division de l'écu se fait
par des traits verticaux, horizontaux,
obliques et courbes
appelés en langage héraldique
PARTITIONS ou PIÈCES HONORABLES.

L'ÉCU SE REGARDE
COMME UNE FIGURE HUMAINE

oreille droite
(dextre)

oreille gauche
(senestre)

Flanc dextre (droit)

canton dextre du chef	chef	canton senestre du chef
	centre cœur abîme	
canton dextre de la pointe	pointe	canton senestre de la pointe

Flanc senestre (gauche)

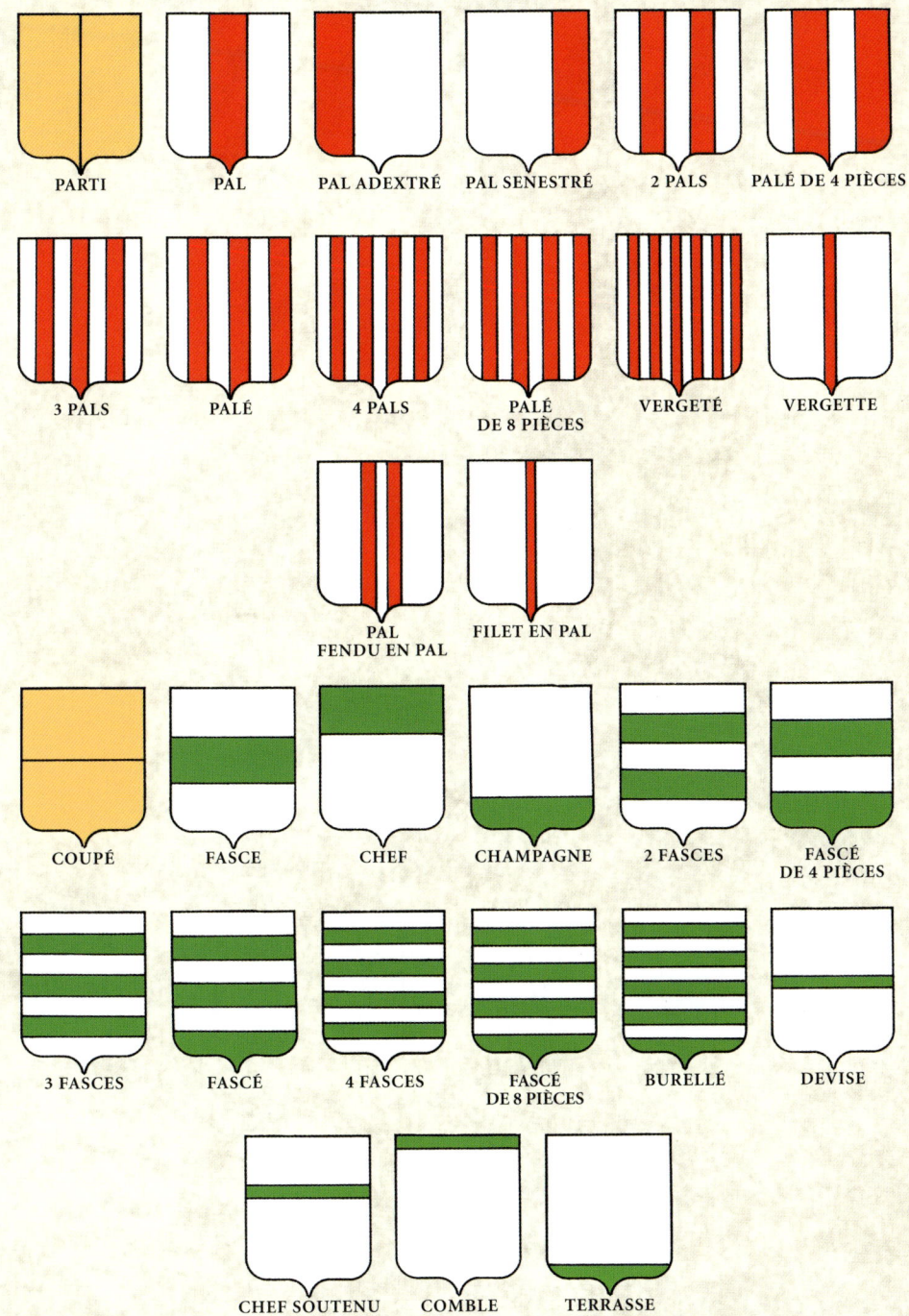

PARTI

PAL

PAL ADEXTRÉ

PAL SENESTRÉ

2 PALS

PALÉ DE 4 PIÈCES

3 PALS

PALÉ

4 PALS

PALÉ
DE 8 PIÈCES

VERGETÉ

VERGETTE

PAL
FENDU EN PAL

FILET EN PAL

COUPÉ

FASCE

CHEF

CHAMPAGNE

2 FASCES

FASCÉ
DE 4 PIÈCES

3 FASCES

FASCÉ

4 FASCES

FASCÉ
DE 8 PIÈCES

BURELLÉ

DEVISE

CHEF SOUTENU

COMBLE

TERRASSE

TRANCHÉ   BANDE   2 BANDES   BANDÉ DE 4 PIÈCES   3 BANDES   BANDÉ

TRAVERSE   JUMELLES EN BANDES   COTICÉ

TAILLÉ   BARRE   2 BARRES   BARRÉ 4 PIÈCES   3 BARRES   BARRÉ

COTICE   JUMELLES POSÉES EN BARRES   COTICÉ EN BARRE

ÉCARTELÉ   COUPÉ EN PAL   CONTRE PALÉ   5 POINTS ÉQUIPOLÉS   FASCÉ DE 4 PIÈCES AU PAL DE L'UN À L'AUTRE   ÉCHIQUETÉ DE 4 TIRES

ÉCHIQUETÉ   CONTRE FASCÉ

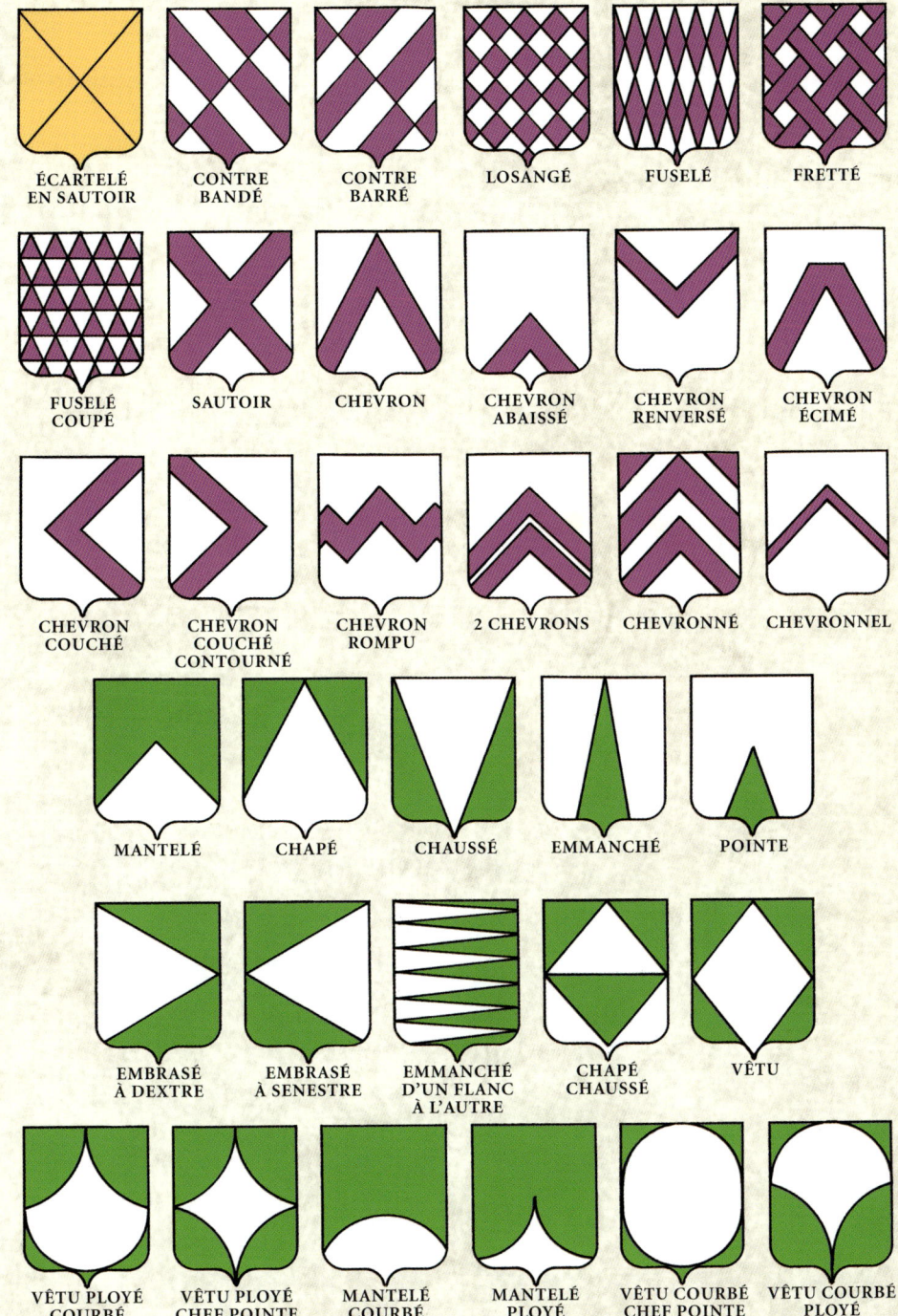

ÉCARTELÉ
EN SAUTOIR

CONTRE
BANDÉ

CONTRE
BARRÉ

LOSANGÉ

FUSELÉ

FRETTÉ

FUSELÉ
COUPÉ

SAUTOIR

CHEVRON

CHEVRON
ABAISSÉ

CHEVRON
RENVERSÉ

CHEVRON
ÉCIMÉ

CHEVRON
COUCHÉ

CHEVRON
COUCHÉ
CONTOURNÉ

CHEVRON
ROMPU

2 CHEVRONS

CHEVRONNÉ

CHEVRONNEL

MANTELÉ

CHAPÉ

CHAUSSÉ

EMMANCHÉ

POINTE

EMBRASÉ
À DEXTRE

EMBRASÉ
À SENESTRE

EMMANCHÉ
D'UN FLANC
À L'AUTRE

CHAPÉ
CHAUSSÉ

VÊTU

VÊTU PLOYÉ
COURBÉ

VÊTU PLOYÉ
CHEF POINTE

MANTELÉ
COURBÉ

MANTELÉ
PLOYÉ

VÊTU COURBÉ
CHEF POINTE

VÊTU COURBÉ
PLOYÉ

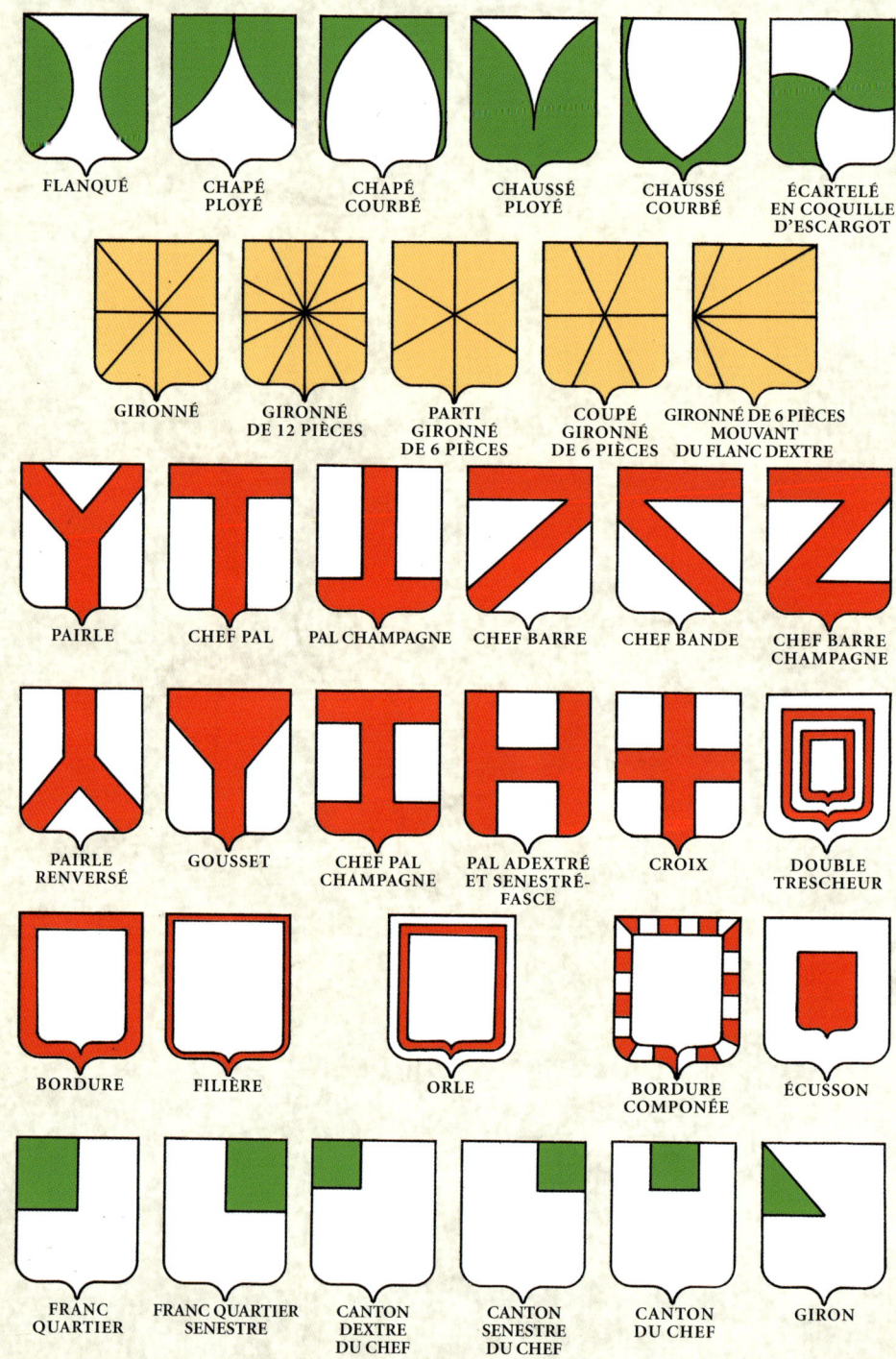

FLANQUÉ · CHAPÉ PLOYÉ · CHAPÉ COURBÉ · CHAUSSÉ PLOYÉ · CHAUSSÉ COURBÉ · ÉCARTELÉ EN COQUILLE D'ESCARGOT

GIRONNÉ · GIRONNÉ DE 12 PIÈCES · PARTI GIRONNÉ DE 6 PIÈCES · COUPÉ GIRONNÉ DE 6 PIÈCES · GIRONNÉ DE 6 PIÈCES MOUVANT DU FLANC DEXTRE

PAIRLE · CHEF PAL · PAL CHAMPAGNE · CHEF BARRE · CHEF BANDE · CHEF BARRE CHAMPAGNE

PAIRLE RENVERSÉ · GOUSSET · CHEF PAL CHAMPAGNE · PAL ADEXTRÉ ET SENESTRÉ-FASCE · CROIX · DOUBLE TRESCHEUR

BORDURE · FILIÈRE · ORLE · BORDURE COMPONÉE · ÉCUSSON

FRANC QUARTIER · FRANC QUARTIER SENESTRE · CANTON DEXTRE DU CHEF · CANTON SENESTRE DU CHEF · CANTON DU CHEF · GIRON

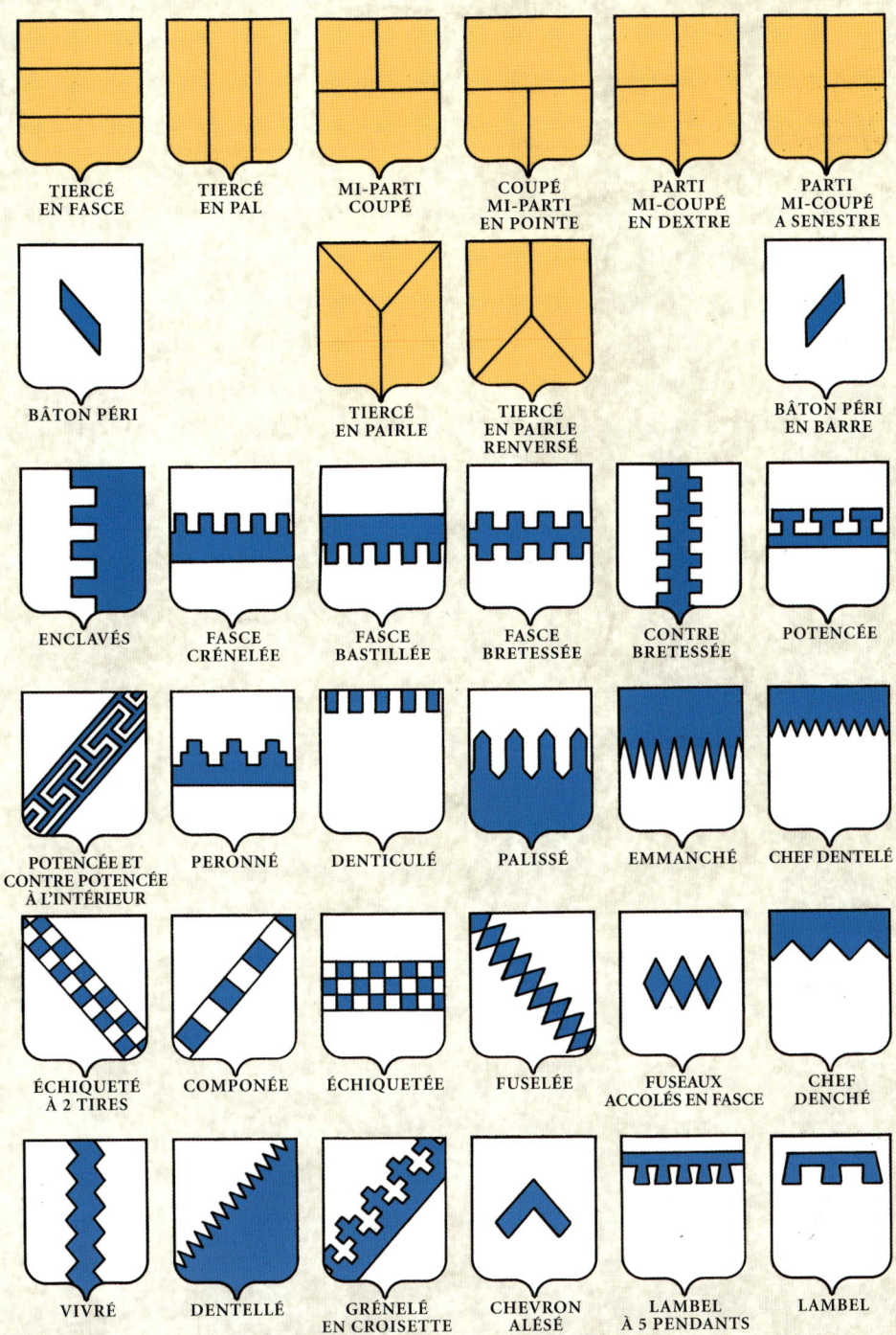

TIERCÉ EN FASCE

TIERCÉ EN PAL

MI-PARTI COUPÉ

COUPÉ MI-PARTI EN POINTE

PARTI MI-COUPÉ EN DEXTRE

PARTI MI-COUPÉ A SENESTRE

BÂTON PÉRI

TIERCÉ EN PAIRLE

TIERCÉ EN PAIRLE RENVERSÉ

BÂTON PÉRI EN BARRE

ENCLAVÉS

FASCE CRÉNELÉE

FASCE BASTILLÉE

FASCE BRETESSÉE

CONTRE BRETESSÉE

POTENCÉE

POTENCÉE ET CONTRE POTENCÉE À L'INTÉRIEUR

PERONNÉ

DENTICULÉ

PALISSÉ

EMMANCHÉ

CHEF DENTELÉ

ÉCHIQUETÉ À 2 TIRES

COMPONÉE

ÉCHIQUETÉE

FUSELÉE

FUSEAUX ACCOLÉS EN FASCE

CHEF DENCHÉ

VIVRÉ

DENTELLÉ

GRÉNELÉ EN CROISETTE

CHEVRON ALÉSÉ

LAMBEL À 5 PENDANTS

LAMBEL

– 31 –

NÉBULÉ	 FASCE ENTÉE	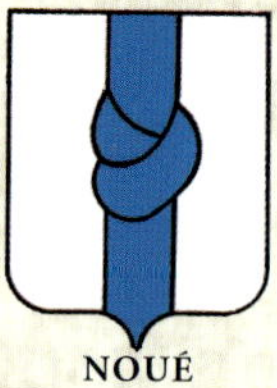 NOUÉ	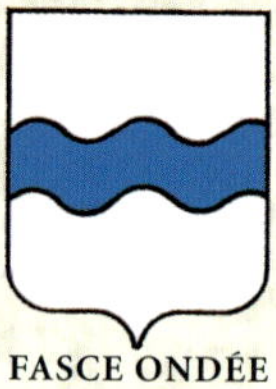 FASCE ONDÉE	 TRÉFLÉ DE 3 PIÈCES	 PLOYÉ
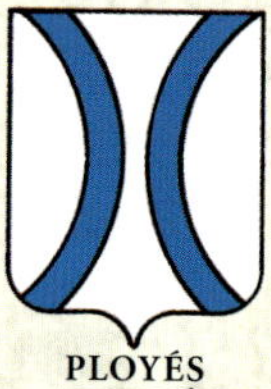 PLOYÉS ADOSSÉS	 COURBÉS	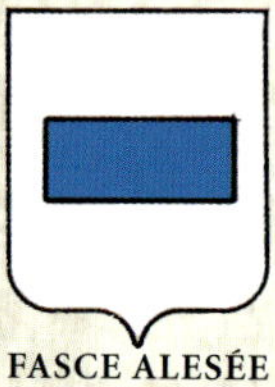 FASCE ALESÉE	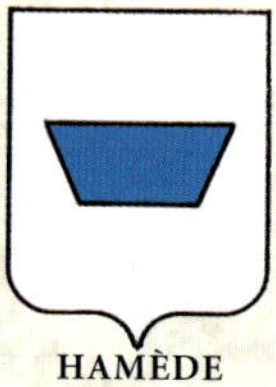 HAMÈDE	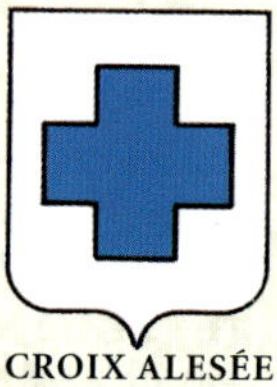 CROIX ALESÉE	 PAL ALESÉE
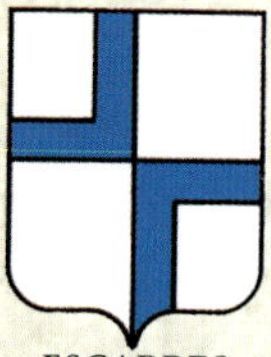 ESCARRES	 PAL ROMPU	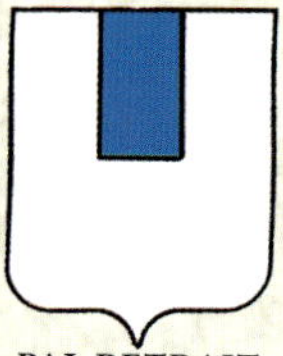 PAL RETRAIT		 ENGRELÉE	 CANNELÉE
 BESANT MÉTAL OU FOURRURE	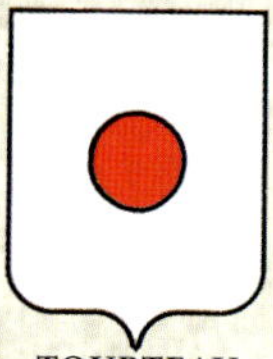 TOURTEAU TOUJOURS DE COULEUR	 DOUBLE TRESCHEUR FLEURDELISÉE		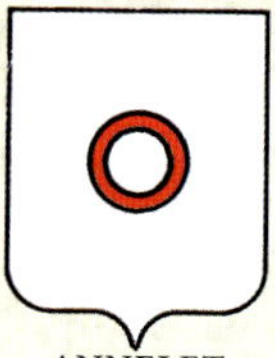 ANNELET	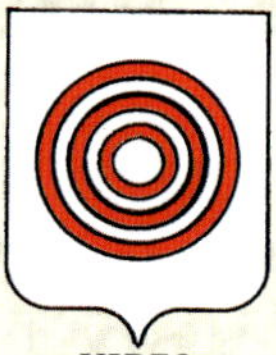 VIRES
 FUSÉE	 MÂCLE	 RUSTRE	 ÉTOILES	 MOLETTES	 ÉTOILES À 5 RAIES
 BÂTON	 FLANCHIS	CROISETTES	ROCS D'ÉCHIQUIERS	CROISSANTS	BILLETTES

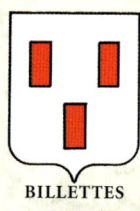

LE BLASONNEMENT

le blasonnement est l'art de décrire
des armoiries en langage héraldique.

si l'écu est divisé en partitions, on commence par celle
qui est située le plus à dextre et la plus élevée.

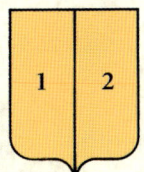 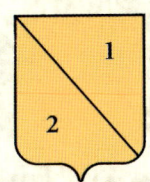 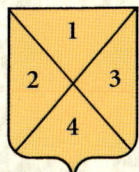

le blasonnement commence par énoncer le champ
de l'écu puis les pièces qui le chargent.

1
D'azur

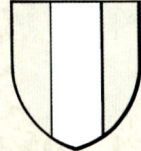

2
au pal
d'argent

3
chargé
de trois
écussons
de gueules

Bois polychrome

Musée du Blason et des Corporations

Hugolin de Schoenegg

D'azur au pal d'argent,
chargé de trois écussons de gueules.

– 33 –

LE BLASON

Les dessins ou figures que l'on met sur l'écu
se nomment en langage héraldique des
MEUBLES.

Tous les dessins (meubles) peuvent entrer sur le champ
de l'écu : outils, fleurs, animaux, objets de la vie
quotidienne, etc.

La fonction première de l'écu sur les champs de
bataille et dans les tournois était de permettre
l'identification rapide du porteur des armoiries.
On utilise donc couleurs vives, figures stylisées,
le moins possible de dessins et de couleurs sur
le même écu.

Ceci est toujours d'actualité
au XXIe siècle.

OURS RAMPANT LION RAMPANT LION PASSANT LÉOPARD

Extrait de « Le blason des Armoiries » de Hierosme BARA, Lyon, 1581, et de « La science héroïque », Paris, 1669

Château de Langeais

ANNE DE BRETAGNE
Reine de France
femme de Charles VIII (1491)
puis de Louis XII (1499)

L'HERMINE

LE PORC-ÉPIC

École française du XVIe S.

BNF, Paris

LOUIS XII
Roi de France
de 1498 à 1515

Jean CLOUET

Le Louvre, Paris

FRANÇOIS Ier
Roi de France
de 1515 à 1547

LA SALAMANDRE

LE CYGNE

École française du XVIe S.

BNF, Paris

CLAUDE DE FRANCE
Reine de France
femme de François Ier
(1499-1524)

Des personnages historiques ont adopté certains
MEUBLES ou SYMBOLES
tout au long de leur règne comme signe
de reconnaissance ou de propriété

LE SOLEIL

Henri TESTELIN

Château de Versailles

LOUIS XIV
Roi de France
de 1643 à 1715

MONOGRAMME

ISABEY

Château de La Malmaison

NAPOLÉON Ier
Empereur des Français
de 1804 à 1814 et 1815

L'AIGLE

LES ABEILLES

CROIX

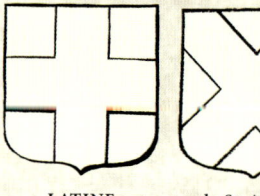

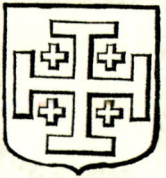
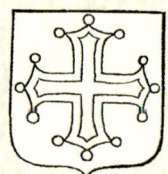

LATINE	de St-ANDRÉ	PATÉE	de JÉRUSALEM	de TOULOUSE

Lettre historiée

Bibliothèque nationale de France, Paris

MALTE

CHEVALIERS HOSPITALIERS DE L'ORDRE DE ST JEAN DE JÉRUSALEM DIT DE MALTE

Son origine remonte au XIᵉ siècle.
Ils devinrent les « Chevaliers de Malte »
lorsque Charles Quint les installa
sur l'île de Malte le 26 octobre 1530.

CHEVALIERS DE SAINT-JACQUES DE L'ÉPÉE

Ordre militaire de Castille
fondé en 1170 dans le pays de Léon.
Une branche se détacha en 1275
et s'installa au Portugal.

CHEVALIERS DE L'ORDRE DE SAINT-LAZARE DE JÉRUSALEM

Ordre militaire et hospitalier
fondé à la fin du XIIᵉ siècle
à Jérusalem
pour assister les Croisés
et soigner les lépreux.

CHEVALIERS DU SAINT-SÉPULCRE

Chanoines du Saint-Sépulcre.
Ordre hospitalier et militaire
que Godefroy de Bouillon institua
après la conquête
de Jérusalem en 1099.

Départ des croisés, fresques du XIIe siècle

Chapelle des Templiers (Cressac)

TEMPLIERS

CHEVALIERS DE L'ORDRE DU TEMPLE

Ordre religieux et militaire fondé en
1119 par Hugues de Payns.
Ils s'appelèrent d'abord « les pauvres
Chevaliers du Christ ». Ils prirent le nom
de Templiers lorsque Baudoin II
les installa dans un palais attenant à
l'ancien temple de Salomon.

CHEVALIERS
TEUTONIQUES

Ordre hospitalier et militaire
fondé en 1190 par les Croisés allemands.
Le Pape Innocent III leur donne en 1199
le nom de Frères de l'Hôpital
de Sainte-Marie des Teutoniques.

In codex manesse XIIe siècle

Heidelberg, Bibliothèque de l'université

TEUTONIQUE

Enluminure XIIe siècle (détail)

Koninklijke bibliotheek, the Hague

Chevaliers pourchassant les infidèles

HÉRALDIQUE UNIVERSITAIRE

CAMBRIDGE

OXFORD

EDIMBOURG

COLLÈGE DE LA TRINITÉ DUBLIN

HARVARD

YALE

HONG KONG

PARIS

Miniatures de vie et miracles de Notre Dame XVe siècle

Bibliothèque nationale de France, Paris

Savant dans son cabinet de travail

AVIGNON

COLOGNE

LONDRES

HEIDELBERG

BOLOGNE

VIENNE (Autriche)

HÉRALDIQUE MONASTIQUE

ABBÉ MITRÉ

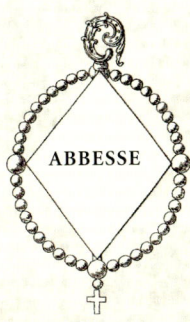

ABBESSE

PRIEUR

Miniature XVe siècle

Arch. nat. Torre do Tombo, Lisbonne

Moine copiste

MORALIA IN IOB de St Grégoire

Bibliothèque municipale de Dijon

Moine moissonneur

**Abbaye de
MOISSAC**

**Abbaye du
MONT ST MICHEL**

**Abbaye de
ROYAUMONT**

**Abbaye de
NOIRLAC**

**Abbaye de
FONTENAY**

**Abbaye de
SOLESMES**

**Abbaye de
CLUNY**

**Abbaye de
CITEAUX**

**Abbaye de la
GRANDE
CHARTREUSE**

**Abbaye de
CLAIRVAUX**

**Abbaye de
FONTFROIDE**

Lettre historiée XVIe siècle

B. m. de Dijon

Moines bucherons

FURNE et Cie PERROTIN 1858

Extrait de « Histoire des villes de France », par Aristide GUILBERT

Ernest Meyer, Typ., Impr.

Ville de
LOURDES

Ville de
CARCASSONNE

Ville de
SAINT-MALO

Ville de
ROCAMADOUR

ALBRET · BASSE ALSACE · HAUTE ALSACE · ANJOU

ARMAGNAC · ANGOUMOIS · ARTOIS · AUNIS

AUVERGNE · BARROIS · BÉARN · BEAUJOLAIS

BERRY · BIGORRE · BOURBONNAIS · BOURGOGNE

BRESSE · BRETAGNE · BUGEY · CHAMPAGNE

BLASONS DES PAYS ET PROVINCES DE FRANCE

COMMINGES   COMTÉ DE FOIX   COMTÉ DE NICE   C^{TAT} VENAISSIN

CORSE   COUSERANS   DAUPHINÉ   FLANDRE

FOREZ   FRANCHE-COMTÉ   GASCOGNE   GÉVAUDAN

GEX   GUADELOUPE   GUYENNE   ILE DE FRANCE

LANGUEDOC   LIMOUSIN   LORRAINE   LYONNAIS

BLASONS DES PAYS ET PROVINCES DE FRANCE

– 44 –

MAINE   MARCHE   MARTINIQUE   MAURIENNE

NAVARRE   NIVERNAIS   NORMANDIE   ORLÉANAIS

PAYS BASQUE   PÉRIGORD   PICARDIE   POITOU

PROVENCE   QUERCY   ROUSSILLON   SAINTONGE

SAVOIE   TOURAINE   VELAY   VENDÉE

BLASONS DES PAYS ET PROVINCES DE FRANCE

Il y a très peu d'ouvrages sur la représentation
des blasons de corporation.

Les sources héraldiques proviennent en général
de l'Armorial que le roi LOUIS XIV fit dresser,
à la suite de son édit de novembre 1696,
sur « la police des armoiries ».
Cet armorial porte le nom du juge d'armes d'HOZIER,
responsable de son enregistrement
et qui prélevait une taxe sur chaque écu.

Vous trouverez dans les pages suivantes
quelques exemples qui vous serviront de
documentation pour la création de votre blason.

LES BLASONS

DES

ARTS, MÉTIERS ET CORPORATIONS

Au Moyen-Âge, chaque métier se regroupe par
confrérie et se distingue
par un sceau, une enseigne, une bannière, un saint,
un bâton et un blason.

Les communautés présentent régulièrement sur leur
écu les outils ou objets significatifs de leur profession.

- Le blason corporatif à cette époque est souvent
  différent suivant chaque ville (Fig. 1, Fig. 2, Fig. 3)

- Sur le même blason, on trouve parfois la
  réunion de plusieurs armes des corporations
  (Fig. 4, Fig. 5)

- Dans certaines régions les corporations se regroupent
  pour former une tribu (Fig. 6, Fig. 7)

JARDINIERS
Ville de Colmar

Fig. 1

JARDINIERS
Ville de Paris

Fig. 2

JARDINIERS
Ville de Cologne

Fig. 3

Ville de Saint Brieuc

IMPRIMEURS LIBRAIRES
APOTHICAIRES
MARCHANDS FILETIERS
Fig. 4

Ville de Seillans

APOTHICAIRES - SERRURIERS
MAÇONS - CORDONNIERS
CORDIERS
Fig. 5

TRIBU des TAILLEURS
de Guebwiller

LES MARCHANDS : la balance
LES PELLETIERS : l'hermine
LES TAILLEURS : les ciseaux
LES TISSERANDS : la navette

Fig. 6

TRIBU des MAÇONS
d'Haguenau

LES MAÇONS   : 3 marteaux
LES CHARRONS : 2 roues
LES POTIERS   : 1 marmite

Fig. 7

ARMES DES ACTEURS

ARMURIERS

AVOCATS

AIGUILLIERS - ALÉNIERS
Paris

Montauban

APOTHICAIRES - PHARMACIENS

Hortus Sanitatis

Musée du Petit Palais - Paris

Les Sables

Arles

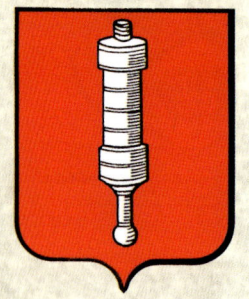

Cambray

BATTEURS D'OR
Paris

BRODEURS
Paris

BALANCIERS
Paris

BRASSEURS
Paris

ARMES DES BIMBELOTIERS
Nuremberg 1560

BRASSEURS
Landshut 1616

BONNETIERS
Paris

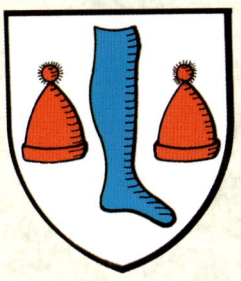

BOURRELIERS
Paris

BROSSIERS - RAQUETTIERS
Paris

ARMES DES BOUCHERS
Gaudersheim 1600

Bibliothèque nationale d'Autriche

Tacuinum Sanitatis

BOUCHERS
Arras

BOUCHERS
Bourges

BOUCHERS
Rouen

Cette clef de voûte, au plafond
de l'Église Saint Côme et Saint Damien,
à Vézelise, Meurthe et Moselle (fin XVe s.)
représente les armoiries de la corporation
des BOUCHERS

ARMES DES BOUCHERS
Brunsvic 1669

BOULANGERS
Paris

ARMES DES BOULANGERS
Vienne (Autriche) 1470

BOULANGERS
Auxonne - Beaune
Cluny - Dijon

PATISSIERS

PAIN D'ÉPICIERS

Atelier de Jean Colombes XVᵉ siècle

Bibliothèque municipale de Lyon

Boulanger XVᵉ siècle

CHARCUTIERS
Paris

CUISINIERS
Nuremberg 1560

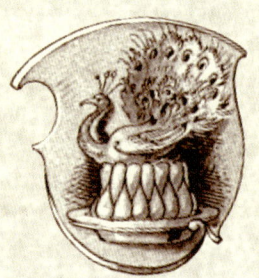

CUISINIERS - TRAITEURS
Paris

COUVREURS
Paris

CHARRONS
Paris

ARMES DES CARRIERS,
TAILLEURS DE PIERRES

CHARPENTIERS
Gardelegen 1663

COUTELIERS
Paris 1390

CHARRONS
Schoenberg 1822

ARMES DES CHAUDRONNIERS
Berlin 1645

CHAUDRONNIERS
Landshut 1614

CHAUDRONNIERS
Paris

CHAUDRONNIERS
Ratisbonne 1700

COURROYERS CEINTURIERS
Paris

CORDIERS
Paris

ARMES DE CEINTURIERS
Cologne XIVᵉ siècle

ARMES DES CHAPELIERS
Berlin 1553

CAFETIERS-CABARETIERS
Bourges – Verneuil
La Charité sur Loire

CHAPELIERS
Vernon

COFFRETIERS
Paris

COUTELIERS
Paris

CHIRURGIENS

COUTURIÈRES

CORROYEURS
Paris

ARMES DES CLERCS
Londres 1640

CHANDELIERS - HUILIERS
Paris

CARTIERS
Caen

Le Tricheur à l'as de carreau

CARTIERS
Paris

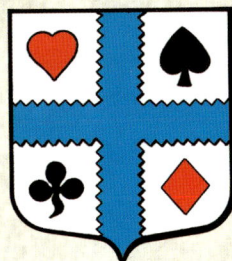

CORDONNIERS
Clermont-Ferrand

CORDONNIERS
Avallon

CORDONNIERS
ET SAVETIERS
Paris

ARMES DE LA CORPORATION
DES CORDONNIERS
Ledec 1590

CORDONNIERS
Auray

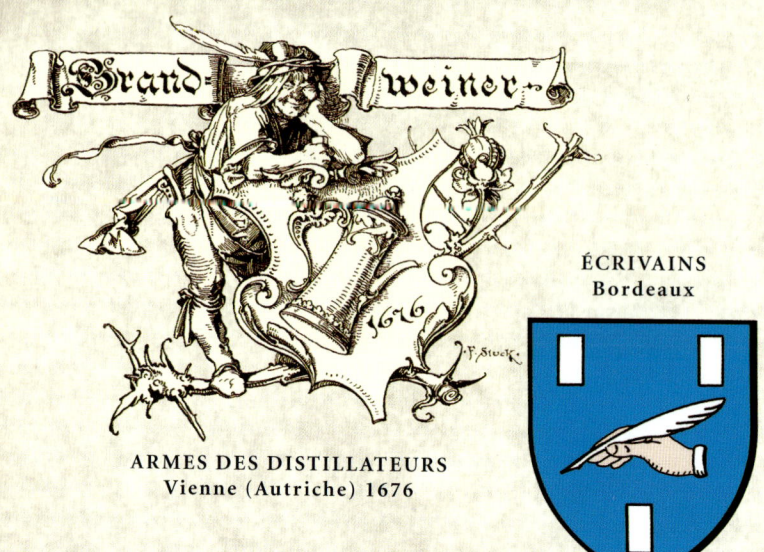

ARMES DES DISTILLATEURS
Vienne (Autriche) 1676

ÉCRIVAINS
Bordeaux

DISTILLATEURS - LIMONADIERS

OUVRIERS EN DRAP D'OR
Paris

La mer des histoires XVe siècle (détail)

Bibliothèque nationale de France, Paris

DOREURS SUR MÉTAUX

EMBALLEURS
Paris

ARMES DES EXPLOSIFS-POUDRIERS
Nuremberg 1560

ÉMAILLEURS
Paris

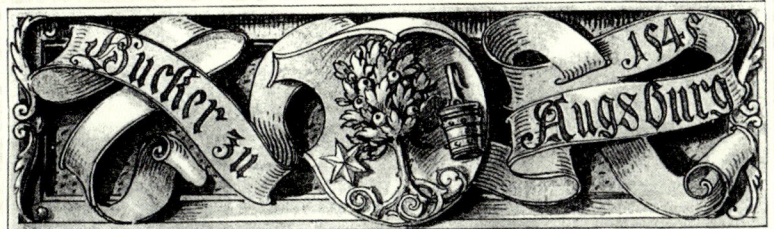

ARMES DES FRUITIERS d'Augsbourg 1545

ÉPICIERS - APOTHICAIRES
Paris

Bibliothèque Estense, Modène

Manuscrits XVe siècle (détail)

Fruits et légumes XVᵉ siècle

FRUITIERS - ORANGERS
Paris

FLEURISTES

FRIPIERS

FOURREURS - PELLETIERS
Paris

FORGERONS
Cologne 1350

FORGERONS
Halle sur la Saale 1327

Bibliothèque nationale de France, Paris

FOURBISSEURS D'ÉPÉES
Paris

Manuscrits XVIᵉ siècle

FONDEURS
Paris

Forgerons XVIᵉ siècle

ARMES DES FONDEURS DE FER
1830

ARMES DES FONDEURS DE CLOCHES
Nuremberg 1790

ARMES DES FOSSOYEURS
Florence 1460

Manuscrit XVe siècle (détail)

Bibliothèque nationale de France, Paris

La danse macabre

GAINIERS

Grainetiers XVᵉ siècle

Bibliothèque nationale de France, Paris

GRAINIERS

GANTIERS
Paris

GRAVEURS SUR MÉTAUX
Paris

HORLOGERS
Lyon

ARMES DES HORLOGERS
Nuremberg 1527

HORLOGERS
Rouen

IMPRIMEURS - LIBRAIRES
Nantes

IMPRIMEURS - LIBRAIRES
Paris

IMPRIMEURS - LIBRAIRES

Manuscrits XVIe siècle

Bibliothèque nationale de France, Paris

Imprimeurs XVIe siècle

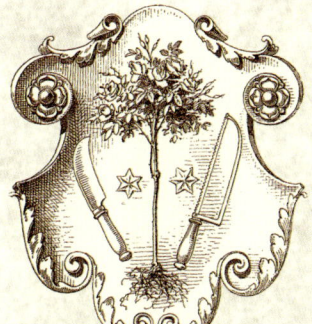

**ARMES DES JARDINIERS
FLEURISTES
1830**

**ARMES DES JARDINIERS
FLEURISTES
Nuremberg 1560**

ARMES DES LUNETIERS OPTICIENS
Nuremberg 1530

Velin, la mer des histoires XVe siècle

Bibliothèque nationale de France, Paris

LIBRAIRES
Soissons

ARMES DES LIBRAIRES
Leipzig 1740

beaulx abc belles heures

Gravure sur bois coloriée XVIe siècle

Bibliothèque nationale de France, Paris

MARÉCHAUX-FERRANTS

LAPIDAIRES

LINGÈRES
Rouen

MÉNÉTRIERS
MAÎTRES À DANSER

MIROITIERS

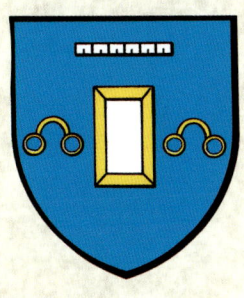

MAÎTRES D'ARMES

Médecin XIVe siècle

MÉDECINS
Paris

MÉDECINS
Vitry le François

ARMES DES MAÇONS
Nuremberg 1520

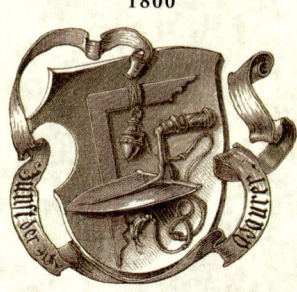

Maçons XVᵉ siècle

ARMES DES MAÇONS
1800

MAÇONS
Paris

MENUISIERS
Rouen

MENUISIERS - ÉBÉNISTES

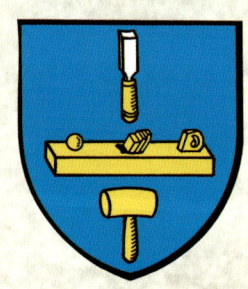

ARMES DES MINEURS
1840

MERCIERS
Paris

MENUISIERS - ÉBÉNISTES
Alsace 1571

ARMES DE LA CORPORATION
DES MEUNIERS
Brunsvic 1835

ARMES DES MEUNIERS
Nuremberg 1531

Extrait de « Allégories et Emblèmes » Gerlach et Schenk, Vienne (Autriche)

MARAÎCHERS
Strasbourg 1680

CONSTRUCTEURS DE MOULINS
Turckheim XVIᵉ siècle

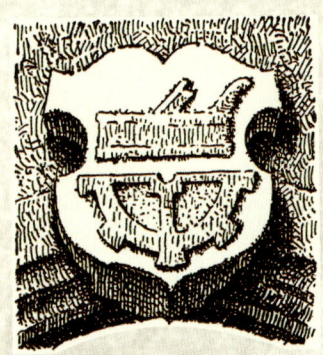

Bibliothèque na ionale de France, Paris

Tarot de Charles VI

ARMES DES OPTICIENS
Nuremberg 1591

ORFÈVRES
Le Mans

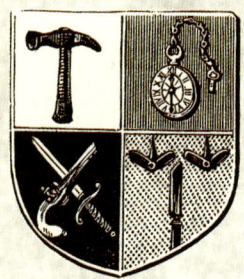

ORFÈVRES
Les Sables

ORFÈVRES
Saintes

ORFÈVRES
Niort

Extrait de l'histoire de l'orfèvrerie-Joaillerie M. Paul Lacroix (Bibliothèque Jacob) Paris 1850

Extrait de « Allégories et Emblèmes » Gerlach et Schenk, Vienne (Autriche)

ANNO 1603

DAT AMPT DER GOLTSMEDE
·HAMBORCH·

ARMES DES ORFÈVRES
Hambourg 1603

Extrait de l'histoire de l'Orfèvrerie-Joaillerie M. Paul Lacroix (Bibliothèque Jacob) Paris 1850

F. SERÉ DEL. ET LITH.   CHROMOLITH. DE LEMERCIER.

Armes des Corporations des Orfévres de France.

(*Armorial général manuscrit,* Bibl. Nat. de Paris.)

35. Orfévres de Courtrai. — 55. Orfévres de La Rochelle. — 65. Orfévres de Montauban
71. Orfévres d'Orléans. — 72. Orfévres de Paris. — 95. Orfévres de Tonnerre.

ARMES DES PÊCHEURS ✦ ANGLAIS XVIIe siècle

POISSONNIERS

ARMES DE LA CORPORATION
DES PÊCHEURS
Nuremberg 1582

PÊCHEURS
Paris

OISELEURS
Paris

POISSONNIERS
D'EAU DOUCE
Paris

ARMES DE LA CORPORATION
DES PÊCHEURS
Halle 1605

ARMES DES MARCHANDS
DE POULES
Londres

ARMES DES FABRICANTS
DE CANNES ET PARAPLUIES
Vienne (Autriche) 1850

ARMES DES
PEINTRES SUR BOIS
Nuremberg 1560

PARCHEMINIERS
Paris

PARCHEMINIERS
Josselin

PAPETIERS
Paris

PLUMASSIÈRES

Calendrier des bergers XVe siècle

Bibliothèque nationale de France, Paris

PEINTRES-SCULPTEURS
Rouen

PEIGNIERS
TABLETIERS

PASSEMENTIERS
BOUTONNIERS
Paris

Travaux publics XVIIIe siècle

PASSEMENTIERS

PASSEURS - BATELIERS

**PAVEURS
TRAVAUX PUBLICS**

PAULMIERS

POTIERS D'ÉTAIN

**PORTEURS DE GRAINS
DOCKERS**

Gravure sur bois (détail)

XVIe siècle

Sculpteur sur bois

Miniature Histoire du Grand Alexandre XIVe siècle

Musée du Petit Palais, Paris

Le Vœu du Paon

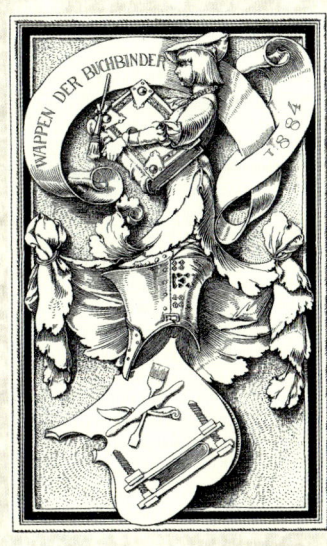

ARMES DES RELIEURS
Leipzig 1884

RÔTISSEURS

**ARMES DES
MARCHANDS DE SEL**
Lunebourg 1595

**ARMES DES
SOUFFLEURS DE VERRE**
Nuremberg 1564

Extrait de « Allégories et Emblèmes » Gerlach et Schenk, Vienne (Autriche)

**ARMES DES
PEINTRES-SCULPTEURS**
Lunebourg 1595

ARMES DES SERRURIERS
Nuremberg 1526

SERRURIERS
Paris

SECURITAS PUBLICA

SERRURIERS
Pamiers

Tailleurs XIVᵉ siècle

TAILLEURS D'HABITS

SELLIERS
Paris

**TISSERANDS DE LAINE
DRAPIERS**

TAILLEURS
Strasbourg

TISSUTIERS - RUBANIERS
Paris

ARMES DES TAILLEURS DE PIERRES ET DES MAÇONS
Linz 1706

TAPISSIERS   **TEINTURIERS**

TANNEURS   **TONDEURS DE DRAPS**

TOURNEURS

ARMES DES MARCHANDS D'OBJETS EN FER - TALLANDIERS

– 75 –

ARMES DES TOURNEURS
Brunsvic 1649

ARMES DES TONNELIERS
Fallersleben 1661

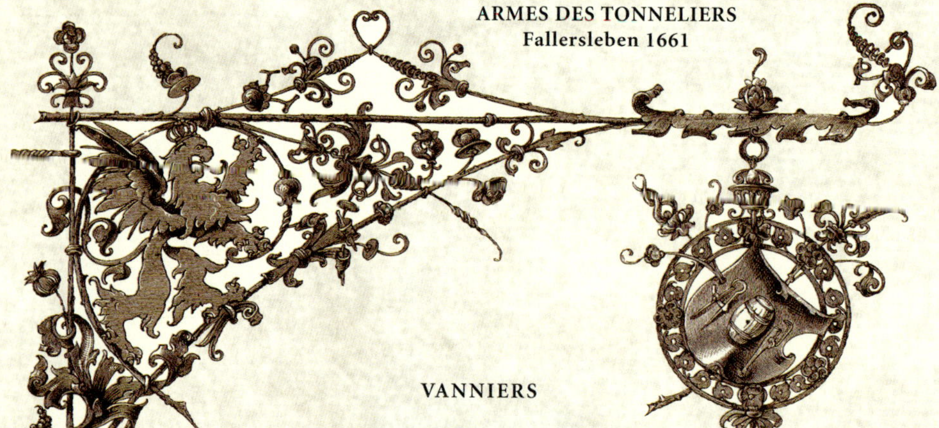

VANNIERS

ARMES DES TONNELIERS
Londres 1660

ARMES DES TONNELIERS
Alsace

Manuscrit XVe siècle (détail)

Musée Condé, Château de Chantilly

ARMES DES VITRIERS
Londres 1600

MARCHANDS DE VINS
Paris

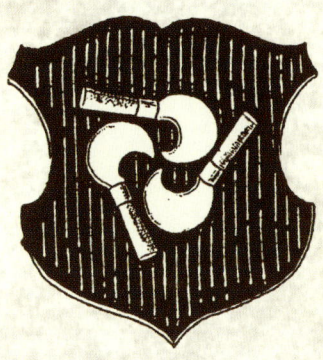

VIGNERONS
Guebwiller

VANNIERS - VITRIERS NATTIERS

Gravure sur bois

XVe siècle

VENDEURS DE VINS

JAUGEURS DE VINS COURTIERS

Extrait de Allégories et Emblèmes Gerlach et Schenck Vienne (Autriche)

ARMES DES VIGNERONS
Winterthor 1526

Saint Georges, patron des chevaliers

D'argent à la croix de gueules

Maintenant, à vous de jouer... vous avez toutes les bases pour créer votre propre blason

Voici deux exemples de création

Monsieur J. P. est sculpteur sur bois et il est breton.

Un maillet et une gouge pour son métier,
Un chef d'hermines pour la Bretagne.

Monsieur S. T... est chercheur au C.N.R.S..

Le symbole atomique pour son métier,
Le monogramme de son nom.

BIBLIOGRAPHIE

* Le blason des armoiries de Hierosme de Bara, Rolet Boutonne, Paris, **1628**.
* Le recueil des Armes chez Claude Magneney, rue Saint Germain, Paris, **1633**.
* L'Indice armorial de Pierre Palliot, 1e et 2e parties, Librairie-éditeur Edouard Rouveyre, Paris, **1660**.
* La science héroïque de Marc de Wilson, Sébastien Mabre Cramoisy, Paris, **1669**.
* Deutsche Wappenkunft d'Heinrich Huckmann, Erichienen Verlag, Leipzig, **1830**.
* Usages des Corporations de Métiers de la Belgique et du Nord de la France de F. de Vigne, Gand, **1857**.
* Heraldisches A B C Buch de Dr Carl Ritter von Mayer, DBK, Munchen, **1857**.
* Le livre d'or des Métiers de P. Lacroix et F. Seré, Librairie de Seré, Paris, **1862**.
* Histoire de l'imprimerie de P. Lacroix, E. Fournier et F. Seré, Adolphe Delahaye, Paris, **1862**.
* Histoire de la chaussure de P. Lacroix (bibliophile Jacob) et A. Duchesne, Adolphe Delahaye, Paris, **1862**.
* Les corporations ouvrières de Paris, d'Alfred Franklin, Lenox Hill, New York, **1884**, réédition 1971.
* Städte Europa's de Die Wappen, Verlag von Moritz Ruhl, Leipzig, **1887**.
* Allégories et Emblèmes, Libraires éditeurs Gerlach et Schenk, Vienne, **1890**.
* Jetons et armoiries des métiers de Paris de René de Lespinasse, G. Vallière, Nevers, **1897**.
* Héraldique des Provinces belges d'Emile Gevaert, Vromant et Cie, Bruxelles, **1918**.
* Armoiries des Provinces et Villes de France de Jacques Meurgey, Ch. Bosse Libraire, Paris, **1929**.
* Les blasons des communautés d'apothicaires au XVIIe siècle d'après l'Armorial Manuscrit d'Hozier, Les pharmaciens bibliophiles, Paris, **1938**.
* Armorial de l'Eglise de France de Jacques Meurgey, Protat Frères, Macon, **1938**.
* Blasons des Corporations de Eugène Harot, Compagnie française des arts graphiques, Paris, **1941**.
* L'artisanat français de Michel Drancourt, UFAP, Paris, **1971**.
* Gravures héraldiques sur bois de Paul Boesch, Editions du verseau, danges, Lausanne, **1974**.
* L'art héraldique en Alsace de J.J. Waltz, réédition en fac-similé Berger-Levrault, Paris, **1975**.
* Le grand livre de l'héraldique d'Ottfried Neubecker, Elsevier Sequoia, Bruxelles, **1977**.
* Manuel du blason de G.L. Galbreath, revu par Léon Jéquier, Ed. SPES, Lausanne, **1977**.
* Les Armes, initiation à l'Héraldique de Pierre Joubert, Ouest-France, Rennes, **1977**.
* Traité d'héraldique de Michel Pastoureau, Picard, Paris, **1979**.
* L'art héraldique styles et formes de Carl Alexander von Volbroth de l'Académie d'héraldique, Hervé Douxchamps Editeur, Bruxelles, **1982**.
* Das große buch der Wappenkunst de Walter Leonhard, Verlag Georg D W Callweay, **1984**.
* Wappenbilderordnung de J. Siebmacher's Grosses Wappenbuch, Bauer et Raspe, Inhaber Gerhard Giessner, Neustadt an der Aih (Germany), **1986**.
* Les armoiries non nobles en Europe : XIIIe et XVIIIe siècles édité par les soins de Hervé Pinoteau, Michel Pastoureau et Michel Popoff, IIIe colloque international d'Héraldique à Montmorency, 19-23 septembre 1983, Le Léopard d'or, Paris, **1986**.
* Les Armoiries, Lecture et Identification, Inventaire général des monuments et richesses artistiques de la France, sous la direction de Michel Pastoureau et de Michel Popoff par Emmanuel de Boos, Monique Chatenet, Christian Davy, Association Etudes, Loisirs et Patrimoine, Paris, **1994**.
* B.A.-BA héraldique de David Gattegno, Pardès, Puiseaux, **1996**.
* Figures de l'héraldique de Michel Pastoureau, Découvertes Gallimard, Paris, **1996**.
* Blasons et corporations, J-C Dusserre, Editions Dusserre, Paris, **2000**.

SOURCES ICONOGRAPHIQUES

Ambassade de Belgique, Paris – Archives nationales Torre do Tombo, Lisbonne – Bibliothèque de l'Arsenal, Paris – Bibliothèque de l'Université, Heidelberg – Bibliothèque Estense, Modène – Bibliothèque municipale de Lyon – Bibliothèque nationale d'Autriche – Bibliothèque nationale de France, Paris – Château de La Malmaison – Château de Langeais – Château de Versailles – Archives Éditions Dusserre – Koninklijke bibliothek, The Hague – Musée Condé, Chantilly – Musée du Blason et des Corporations – Musée du Louvre, Paris – Musée du Petit Palais, Paris – Musée Tessée, Le Mans – Photo Josse, Paris – Tapisserie de Bayeux, avec l'autorisation spéciale de la ville de Bayeux.

1e de couverture : Preuse Deiphyle, petit armorial équestre de la Toison d'Or, Bibliothèque nationale de France, Paris.
4e de couverture : enluminure Jean Le Fèvre, sire de Rémy, Bibliothèque nationale de France, Paris.